CATALOGUE

DES

OUVRAGES IMPRIMÉS

DE LA

BIBLIOTHÈQUE MUNICIPALE

DE METZ

... École industrielle,
... professeur ... collège de Lorient ...

TABLE ALPHABÉTIQUE

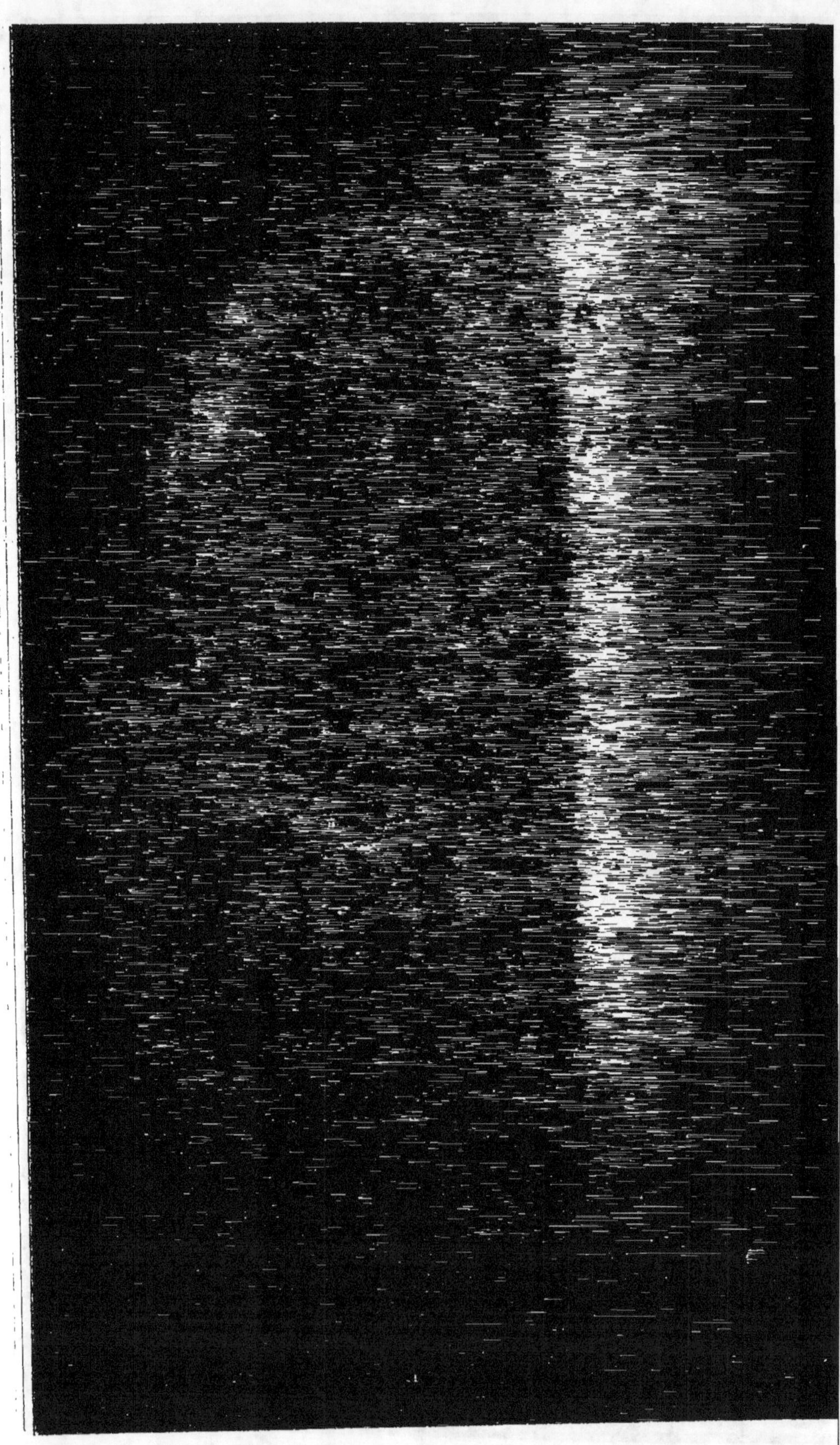

CATALOGUE

DES

OUVRAGES IMPRIMÉS

DE LA

BIBLIOTHÈQUE MUNICIPALE

DE METZ

PAR

AIMÉ SCHUSTER

Conservateur de la Bibliothèque,
Professeur de physique et de chimie à l'École industrielle,
Ex-professeur de physique aux Collèges de Lorient,
de Montbéliard, etc.

SEPTIÈME FASCICULE

METZ

IMPRIMERIE EVEN FRÈRES ET CIE.

1885.

TABLE DES MATIÈRES

Avis au Relieur

On devra enlever ces tables particulières à chaque fascicule et ne laisser qu'une table générale à la fin du volume.

CATALOGUE

DES

OUVRAGES IMPRIMÉS RELATIFS A L'HISTOIRE DE METZ

ET DU PAYS MESSIN.

SECTION VII

Bibliographie médicale messine (Suite).

1224. Dissertation sur l'anévrisme externe . . . .
par F. Emile Arnoult, de Metz.

Paris, Didot jeune, 1820. 51 pp. in-4.

1225. Quelques considérations générales sur la couche
de Malpighy, thèse par Charles Victor Aubry, de Metz.

Strasbourg, Silbermann, 1866. 40 pp. in-4.

1226. Considérations cliniques sur l'Arthrite rhuma-
tismale . . . . par Ernest Aubertin, de Metz.

Paris, Rignoux, 1852. 66 pp. in-4.

1227. Considérations sur les localisations cérébr. et
en particulier sur le siège de la faculté du langage
articulé, par le Dr Ernest Auburtin.

Paris, V. Masson et fils, 1863. In-8 66 pp.

26

1228. I. De l'anesthésie sous le point de vue de la Séméiologie.

II. Des causes qui, pour terminer l'accouchement, peuvent nécessiter de porter l'instrument tranchant sur les parties du fœtus.

III. Quelles sont les différences que présentent la membrane muqueuse de l'intestin grêle, depuis le commencement du duodénum jusqu'à la fin de l'intestin grêle?

IV. — Déterminer s'il existe des sels ou des réactifs qui, introduits dans l'estomac, décomposent certains poisons, de manière à les rendre inertes . . . par Jules Bachelier (de Puxieux, Moselle).

Paris. Rignoux, 1842. 40 pp. in-4.

1229. Considérations sur quelques points de l'histoire et du traitement de la pleurésie . . . . par le Dr Barby (Extrait de l'exposé des travaux de la Société des sciences médicales de la Moselle).

Metz, Verronnais. 1847. Broch. in-8 de 30 pp.

1230. Dissertation sur l'utilité des frictions, par J. Fr. Baudry, Docteur en médecine . . . . ancien titulaire de l'hôpital militaire et d'instruction de Metz.

Strasbourg, Levrault, An XIII (1805). 46 pp. in-4 (dans le Recueil factice intitulé : Dissertations de la faculté de Médecine, Tome 4, Thèse 104.)

1231. Lettres sur l'histoire médicale du Nord-Est de la France, par Emile Bégin.

Metz, Impr. Lamort, 1840. 1 volume in-8.

1232. Lettres sur quelques phlegmasies muqueuses par E. Bégin, médecin à Metz.

Broch. in-8. Metz, 1841.

1233. Des affections du testicule et de leur diagnostic différentiel, par Antoine Bouché, de Metz.

Paris, Rignoux, 1846. 55 pp. in-4.

1234. De l'emphysème des poumons et de ses rapports avec les différentes maladies du cœur et des bronches . . . . par Edouard Bonino, de Metz.

Paris, Rignoux, 1844. 34 pp. in-4.

1235. Observation faite à l'Hôpital royal et militaire de Metz, sur une cure particulière de trois canonniers, par le Sr Boulanger, ancien chirurgien-major des troupes du Roi aux armées de Flandres et d'Hanover, etc. (Juillet 1780).

A Metz, chez Joseph Antoine. 8 pp. in-4 (dans le Recueil factice intitulé : Dissertations de la faculté de Médecine, Tome I).

1236. Dissertation sur la jaunisse, par Philippe Capiomont, de Metz, chirurgien-major au cinquième régiment d'artillerie à pied.

Strasbourg, Levrault, An XI (1803). 17 pp. in-4 (dans le Recueil factice intitulé : Dissertations de la faculté de Médecine, Tome 3, Thèse 80).

1237. Mémoire et Observations sur les plaies d'armes à feu . . . . par Joseph Charmeil, chirurgien en chef, professeur de l'hôpital militaire d'instruction

de Metz, membre du jury médical du département
de la Moselle.

Strasbourg. F.-G. Levrault, 1804. 50 pp. in-4 (dans le Recueil factice intitulé : Dissertations de la faculté de Médecine,
Tome 2).

1238. Considérations sur la faim . . . . par Jean-
Baptiste-François-Octave Chaumas . . . . Avec dédicace à M. le Baron Marchant, médecin et professeur
à l'hôpital militaire de Metz, etc., et à M. Ibreliste,
chirurgien en chef et professeur à l'hôpital militaire de Metz, etc.

Paris, Didot, 1815. 20 pp. in-4 (dans le Recueil factice
intitulé : Dissertations de la faculté de Médecine, Tome 12,
Thèse 380).

1239. Dissertation sur l'empyème, par Victor Clercx,
officier de santé de première classe, attaché à l'É-
cole d'artillerie et du génie (de Metz).

Strasbourg, F.-G. Levrault, An XI (1803). 11 pp. in-4 (dans
le Recueil factice intitulé : Dissertations de la faculté de Médecine, Tome 3. Thèse 79).

1240. De la dysenterie épidémique, par François-
Charles Comon, de Longuyon (Moselle).

Paris, Rignoux, 1850. 38 pp. in-4.

1241. Dissertation sur quelques préparations phar-
maceutiques. — Synthèse pharmaceutique et
chimique, par Pierre-Bonaventure Creutzer, de
Saint-Avold (Moselle).

Strasbourg, G. Silbermann, 1837. 32 pp. in-4.

1242. Des complications et des accidents consécutifs
de la méningite cérébro-spinale épidémique . . . .
par Charles-Joseph Daga, de Metz.

Paris, Rignoux, 1851. 64 pp. in-4.

1243. Dissertation sur le rhumatisme articulaire aigu,
par J.-B.-E. Defer, de Vigy (Moselle).

Montpellier, Veuve Ricard, 1836. 20 pp. in-4 (dans le Recueil factice intitulé : Dissertations de la faculté de Médecine,
Tome 14, Thèse 5).

1244. Des hospices en général et de l'hospice Saint-
Nicolas * en particulier, — et note additionnelle. . .
par le Docteur Defer, médecin des hôpitaux et
hospices civils de Metz.

Metz, J. Mayer, 1870. Broch. in-8 de 23 pp.

1245. Du cancer de la matrice considéré dans ses
rapports avec les principaux actes de la génération,
par J.-N. Degott, de Forbach (Moselle).

Paris, Rignoux, 1844. 46 pp. in-4.

1246. Considérations médico-chirurgicales sur la
coxalgie, par J.-C. Desoudin.

Paris, Didot, 1827, 23 pp. in-4.

1247. Traité de matière médicale et de thérapeutique,
précédé de considérations générales sur la zoologie

---

* Voir sur l'hôp. St-Nicolas le fascicule 2, page 75, n°s
395 et 396.

et suivi de l'histoire des eaux naturelles, par S. Dieu, professeur à l'hôpital militaire d'instruction de Metz.

Metz, Pallez, Rousseau.
Paris, Portin Masson et Cie, 1845—47.
2 volumes in-8.

1248. Discours prononcé par M. Dieu, président à la séance annuelle de la Société des sciences médic. du département de la Moselle, tenue le 21 mai 1861.

Metz, Verronnais, 1861. In-8 de 85 pp.

1249. Association médicale de la Moselle, 2e, 4e, 5e, 7e, 8e assemblées générales, tenues à l'hôtel de ville sous la présidence de M. Dieu.

Metz, V. Maline, 1863, 1865, 1866, 1868, 1869. 5 Brochures in-8

1250. De l'amygdalite aiguë, par Victor-Joseph Didelot, de Metz.

Paris, Rignoux, 1850. 26 pp. in-4 (dans le Recueil factice intitulé : Dissertations de la faculté de Médecine, Thèse 2, Tome 14).

1251. De l'hémorrhagie cérébrale, par F. A. Jules Didion, de Metz.

Paris. Rignoux, 1852. 37 pp. in-4.

1252. De l'assistance publique à Metz, en 1867. — Résumé statistique et médical des cas de choléra observés à l'hôpital Bon-Secours de Metz . . . . Discours prononcé le 28 mai 1867 à la séance générale de la Société des sciences médicales de la

Moselle, par M. le Dr J. Didion, président. (Extrait
de l'exposé des travaux de la Société des sciences
médicales de la Moselle, année 1866—1867.)

Metz, J. Verronnais. 1867. Broch. in-8 de 111 pp.

1253. Essai sur l'ongle incarné, par Edouard Donzel,
chirurgien sous-aide major à l'hôpital militaire
d'instruction de Metz.

Strasbourg. G. Silbermann. 1836. 48 pp. in-4.

1254. De l'hémorrhagie puerpérale et de l'avorte-
ment, par Douant (Félix), né à Dompierre (Moselle).

Paris, Rignoux. 1854. 46 pp. in-4.

1255. De l'alcoolisme ou l'empoisonnement par l'alcool, par Frédéric Estre, médecin cantonal à Rémilly.

Strasbourg. Fischbach. 1884. Broch. in-8 de 24 pp.

1256. De l'unité professionnelle de la médecine,
étude d'histoire et de législation médicales, présentée à l'assemblée de l'Association de prévoyance
et de secours mutuels des médecins de la Moselle,
par le Docteur P.-X. Finot . . . .

Metz, Lorette. 1866. In-8 de 91 pp.

1257. De l'exercice de la médecine par les prêtres
et les communautés religieuses. — Rapport présenté
à la Société de prévoyance et de secours mutuels
des médecins du département de la Moselle, par le
Dr Finot, membre de la commission administrative.

Metz, Impr. Thomas. 1866. In-8 de 73 pp.

1258. Dissertation sur le cancer de la matrice chez les femmes qui parviennent au temps critique . . . . par Gabriel Fristo.

Strasbourg, F.-G. Levrault, 1804. 23 pp. in-4 (dans le Recueil factice intitulé : Dissertations de la faculté de Médecine, Tome 2).

1259. Petit manuel du chirurgien de bataille ou conseils sur les blessures les plus fréquentes chez les militaires pendant la guerre, adressé aux chirurgiens élèves des hôpitaux militaires d'instruction de France, par F. Fristo, ancien chirurgien de l'armée d'Italie.

Metz, Verronnais.
Paris, Baillière, 1848. 1 volume in-8.

1260. De l'amputation dans les cas de plaies d'armes à feu . . . . par François-Jules Fristo, de Sierck (Moselle).

Strasbourg, Veuve Berger-Levrault, 1856. 19 pp. in-4.

1261. De la dilatation des plaies d'armes à feu et de l'extraction des corps étrangers qu'elles peuvent contenir, considérées dans la nécessité de les pratiquer sur le champ de bataille. Dissertation inaugurale . . . . par J.-P. Gama, du département de la Moselle.

Montpellier, Jean Martel aîné, 1814. 38 pp. in-4 (dans le Recueil factice intitul : Dissertations de la faculté de Médecine, Tome 13, Thèse 396).

1261 bis. Traité des plaies de la tête et de l'encéphalite, principalement de celle qui leur est consécutive, ouvrage dans lequel sont discutées plusieurs
questions relatives aux fonctions du système nerveux en général . . . par J.-P. Gama. — Deuxième
édition.

Paris, Crochard. 1835. 1 vol. in-8.

1262. Esquisse historique du service de santé militaire en général et spécialement du service chirurgical depuis l'établissement des hôpitaux militaires
en France, par J. P. Gama, ex-chirurgien en chef
d'armée, etc.

Paris, Germer-Baillière, 1841. 1 fort vol. in-8.

1262 bis. Proposition d'un projet de loi pour la
création 1° d'un directoire des hôpitaux militaires,
2° d'un nouveau corps de médecins militaires, par
J-.P. Gama, de Metz, Docteur en médecine.

Paris, Baillière, 1846. In-8.

1262 ter. De l'utilité des citernes dans les établissements militaires ou civils et les maisons particulières, par le Professeur Gama. Deuxième édition.

Paris, Dumaine, 1858. Broch. de 70 pp. gr. in-8.

1263. Mélanges de médecine, par L.-F. Gasté, professeur de clinique à l'hôpital militaire d'instruction
de Metz.

Metz, Lamort, 1841. 1 vol. in-8.

1264. Dissertation sur les idiosyncrasies . . . . par George Geib, de Metz, ex-prosecteur de l'hôpital militaire d'instruction de Metz . . . .

Strasbourg, Levrault, 1809. 12 pp. in-4 (dans le **Recueil** factice intitulé : **Dissertations de la faculté de Médecine**, Tome 6, Thèse 189).

1265. Rapport de la commission permanente d'hygiène publique sur l'état de quelques fossés de la .place de Metz, au mois de juillet 1868, par **M. J.-B. Géhin**, rapporteur.

Metz, Verronnais, 1868. 7 pp. in-8.

1266. De la diathèse urique, par Antoine-Alphonse Gilbrin, de St-Julien-lès-Metz.

Paris, Rignoux. 1858. 40 pp. in-4.

1267. Des glandes de Méry, vulgairement glandes de Cowper et de leurs maladies chez l'homme . . . par A. Geibler, de Metz.

Paris, Rignoux, 1849. 68 pp. in-4.

1268. Essai sur la maladie de Bright . . . par Vincent-Victor Guillemin, de Rombas (Moselle).

Strasbourg, G. Silbermann, 1837. 52 pp. in-4.

1269. De l'influence du séjour dans le royaume de Naples sur les troupes françaises . . . . par Adrien Guioth (de Marville, Meuse), chirurgien-major d'armée, chirurgien-major de la légion ·de la Moselle , . . .

Strasbourg, F.-G. Levrault, 1817. 15 pp. in-4 (dans le Recueil factice intitulé : Dissertations de la faculté de Médecine, Tome 14, Thèse 11).

1270. Du Datura Stramonium, étude sur la composition chimique de sa. fumée . . . . par François-Alphonse Gury, de Metz.

Paris, E. Thunot et Cie, 1856. 57 pp. in-4 et 1 planche.

1271. Journal d'observations médicales faites pendant l'année 1792 dans les armées du nord, par Gorcy.

Metz, Collignon, an 8. Broch. in-12.

1272. Etudes sur les eaux minérales de Sierck (chloro-sodiques bromurées, froides), par Eugène Grellois, D. M. P. médecin principal, secrétaire du Conseil de santé des armées, etc.

Paris, Libr. de Victor Masson.

Metz, Impr. de J. Delhalt, Roy et Thomas, 1859. Broch. in-12 de 106 pp.

1273. Choléra (Quelques mots sur le), par le Dr Haro.

Strasbourg, G. Silbermann, 1865. In-8 de 32 pp.

1274. Mémoire sur l'éthérisation appliquée à une amputation . . . . par M. Hénot, Docteur en médecine.

Metz, S. Lamort, 1847. Broch. in-8 de 53 pp.

1275. Mémoire sur la désarticulation coxo-fémorale,
à l'occasion d'une opération de ce genre pratiquée
avec succès, le sujet étant soumis à l'éthérisation,
par M. Hénot, chirurgien en chef à l'hôpital militaire de Metz . . .

Paris, J.-B. Baillière. 1851. 64 pp. in-4.

1276. Mémoire anatomique sur plusieurs fœtus hu-
mains monstrueux, par M. Hénot, Docteur en
médecine, chirurgien-major, démonstrateur à l'hôpital militaire d'instruction de Metz, membre de
la Société des sciences médicales du département
de la Moselle. (Extrait des Archives générales de
médecine).

Paris, Impr. de Migneret. In-8. 24 pp. pl. lithog. (sans date).

1277. Observations d'un accouchement terminé avec
le forceps, suivi de fièvre gastrique muqueuse
puerpérale et réflexions auxquelles il a donné
lieu . . . . par M. Joseph Hestaust, de Richemont,
département de la Moselle.   .

Strasbourg, Levrault, 1812. 32 pp. in-4 (dans le Recueil
factice intitulé : Dissertations de la faculté de Médecine,
Tome 9, Thèse 276).

1278. Essai sur les fièvres intermittentes et particulièrement sur celles qui ont régné sur les troupes
françaises dans le département de l'Ems oriental
(ci-devant Ost-Frise), dans le cours de l'année
1811 . . . . par Joseph-Geofroi Hirn. — Avec dé-

dicace à M. Charles du Coëtlosquet, colonel du 8ᵉ régiment de hussards.

Strasbourg, Levrault, 1813. 28 pp. in-4 (dans le Recueil factice intitulé : Dissertations de la faculté de Médecine, Tome 11, Thèse 328).

1279. De l'accouchement non naturel par vice de conformation du détroit supérieur, par R.-A. Ibrelisle, professeur d'anatomie et de chirurgie à l'hôpital militaire de Metz.

Strasbourg, F.-C. Levrault, an XI (1803). 18 pp. in-4 (dans le Recueil factice intitulé : Dissertations de la faculté de Médecine, Tome 3, Thèse 78).

1280. Du froid et de son action sur l'économie animale . . . . par Joseph Maximilién Ibrelisle, de Metz, département de la Moselle.

Strasbourg, Levrault, 1810. 28 pp. in-4 (dans le Recueil factice intitulé : Dissertations de la faculté de Médecine, Tome 7, Thèse 220).

1281. Aide-mémoire de l'opérateur comprenant les opérations élémentaires, les ligatures d'artères, les amputations dans la contiguité et dans la continuité des membres et les résections des extrémités articulaires avec 60 planches représentant 213 sujets lithographiés d'après nature par l'auteur, par le Docteur J.-A. Isnard, chirurgien-major de Iʳᵉ classe.

Paris, J.-B. Baillière, 1849. 1 in-18.

1282. De l'hématémèse, par J. F. Jacquot (né à Honnonville-aux-Côtes, Meuse), ancien élève de l'hôpital militaire de Metz . . . .

Paris, Didot jeune, 1816. 23 pp. in-4 (dans le Recueil factice intitulé : Dissertations de la faculté de Médecine, Tome 14, Thèse 17).

1283. Des désinfectants. Conférence faite à l'école d'application du génie et de l'artillerie à Metz, le 24 septembre 1870, par le Dr J. Jeannel.

Metz, J. Mayer, 1870. Broch. in-12 de 16 pp.

1284. Diagnostic des calculs vésicaux, appréciation des diverses méthodes relatives à l'opération de la taille. Thèse . . . par Adolphe-Euclide Lacauchie, professeur à l'hôpital militaire d'instruction de Metz.

Strasbourg, G. Silbermann, 1839. 60 pp. in-4.

1285. Observations sur les maladies des organes genito-urinaires par M. F. Lallemand, professeur de clinique chirurgicale à la faculté de médecine de Montpellier.

Paris, Gabon et Cie, 1825. 1 volume in-8.

1286. Recherches anatomico-patholog. sur l'encéphale et ses dépendances, par F. Lallemand (de Metz).

Paris, Bochet jeune. In-8. 1830—34. — Lettres 1 à 9, 5 volumes in-8 brochés.

Suivi de:

Observations patholog. propres à éclairer plusieurs

points de physiologie, par F. Lallemand. Deuxième
édition.

Paris, Gabon et Cie, 1825. In-8.

Suivi de:

Pièces relatives à la suspension de M. Lallemand,
professeur à la faculté de médecine de Montpellier,
dans ses fonctions de chirurgien en chef à l'hôpital
Saint-Eloi.

Metz, de l'impr. de C. Lamort, 1824. Broch. de 56 pp. in-4.

1287. Des pertes séminales involontaires, par M.
Lallemand (de Metz), professeur à la faculté de
médecine de Montpellier.

Paris, Bechet jeune, 1836—1842. 3 volumes in-8.

1288. Dissertation sur la pleurésie aiguë, par Antoine-
Marie Lamoureux, de Metz.

Paris, Didot, 1826. 32 pp. in-4 (dans le Recueil factice
intitulé : Dissertations de la faculté de Médecine, Tome 14,
Thèse 6).

1289. Des secours que la chimie peut prêter à la
médecine pratique, par M. le Dr Langlois, — discours prononcé à la séance générale et publique
du samedi 19 mai 1849, de la Société des sciences
médicales de la Moselle.

Metz, Verronnais, 1849. Broch. in-8 de 16 pp.

1290. Rapport sur l'insalubrité des habitations et
sur la proposition de construire des bâtiments
spéciaux pour y loger des familles d'ouvriers, par

Laveran, médecin-inspecteur (Extrait des mémoires de l'académie de Metz).

Metz, S. Lamort, 1850. Broch. in-8 de 15 pp.

1291. De l'ouie, par Jean-Baptiste Legand, de Metz. — Avec dédicace à Claude Legand, Docteur en chirurgie et accoucheur à Metz.

Strasbourg, Levrault, 1814. 24 pp. in-4 (dans le Recueil factice intitulé : Dissertations de la faculté de Médecine, Tome 12, Thèse 362).

1292. I. Des symptômes de l'emphysème pulmonaire. — II. Dans quelles conditions se développe-t-il des cavités articulaires nouvelles entre le fémur et l'os iliaque à la suite des luxations anciennes ou congéniales? Quel est le mécanisme de cette formation et son influence sur la réductibilité de la luxation? — III. Des vaisseaux sanguins artériels et veineux, et des nerfs qui fournissent des divisions au vagin. IV. Comment reconnaître le brôme mélangé avec la matière des vomissements ou avec les excréments? par L. Emile Legrand, de Metz.

Paris, Rignoux, 1839. 38 pp. in-8.

1293. Dissertation sur l'hématémèse, par Benoît Lemonnier, de Metz.

Paris, Didot jeune, 1812. 21 pp. in-4 (dans le Recueil factice intitulé : Dissertations de la faculté de Médecine, Tome 13, Thèse 389).

1294. Essai médico-chirurgical sur l'érysipèle par
J. P. Léonard (de Thionville), ancien élève de l'hôpital militaire d'instruction de Metz.

Strasbourg, F.-G. Levrault, An XII (1803). 14 pp. in-4
(dans le Recueil factice intitulé : Dissertations de la faculté
de Médecine, Tome 2).

1295. Dissertation sur la carie, par Jean-François
Levert, de Metz.

Paris, Didot jeune, An XIII (1805). 27 pp. in-4 (dans le
Recueil factice intitulé : Dissertations de la faculté de Médecine, Tome 14, Thèse 31).

1296. Des fractures comminutives du coude . . .
par Gaston Marcel, ex-chirurgien sous-aide requis
à l'hôpital militaire de Metz.

Strasbourg, Ad. Christophe, 1864. 65 pp. in-4.

1297. Parallèle entre le forceps et la version dans
les rétrécissements du bassin . . . par A. Maillard,
né à Corny (Moselle).

Paris, A. Parent, 1868. 20 pp. in-4.

1298. Essai sur l'inflammation du foie . . . . par
François-Théodore Maillefer, de Briey, Docteur en
médecine et en chirurgie de l'université de Franc-
fort-sur-l'Oder.

Strasbourg, Levrault, 1810. 53 pp. in-4 (dans le Recueil
factice intitulé : Dissertations de la faculté de Médecine,
Tome 7, Thèse 212).

27

1299. I. Des symptômes du scorbut. — II. Des tumeurs hémorrhoïdales . . . . — III. De la structure de la sclérotique . . . . — IV. Des caractères des pièces d'argent contenant du plomb . . . . par J. B. G. T. Maillefer, de Metz.

Paris, Rignoux, 1838. 24 pp. in-4.

1300. I. Des perforations du canal intestinal; leurs caractères différents, suivant la différence de leurs causes. — II. Quelles sont les principales méthodes propres à combattre le pied-bot équin, et dans quelles conditions sont-elles appréciables? — III. Des principaux faisceaux charnus que l'on peut admettre dans l'utérus à l'état de gestation. — IV. Énumérer les diverses familles des plantes dans lesquelles on trouve des bulbes. Décrire la composition et la structure de cet organe et ses analogies avec les autres organes des végétaux . . . par François-Joseph-Auguste Maillefer, de Metz.

Montpellier, Jean Martel aîné, 1841. 28 pp. in-4.

1301. Eaux minérales de Mondorf (Étude sur les) . . . par Ch. Marchal, de Mondelange, Docteur en médecine, de la faculté de Paris.

Paris, V. Masson 1867. In-8 de 132 pp.

1302. Eaux de Mondorf (Observations cliniques sur l'action des) . . . par le Docteur Ch. Marchal (de Mondelange).

Paris, Victor Masson, 1870. In-8 de 195 pp.

1303. Observations cliniques suivies de quelques réflexions générales sur les affections cancéreuses, par Félix Maréchal, de Metz, Dr en médecine, ex-chef de clinique externe à l'Hôtel-Dieu St-Eloi de Montpellier . . .

A Montpellier, Jean Martel aîné, 1821. 60 pp. in-4, (dans le Recueil factice intitulé : Dissertations de la faculté de Médecine, Tome 14, Thèse 8).

1304. Dissertation médicale sur les yeux, considérés dans les maladies, par F. N. Mathieu (de Briey, Moselle).

Paris, Didot jeune, 1812. 27 pp. in-4 (dans le Recueil factice intitulé : Dissertations de la faculté de Médecine, Tome 13, Thèse 390).

1305. De la hernie crurale, ou mérocèle, par J. F. V. Mayot, de Doncourt, près de Metz.

Paris, Didot jeune, 1814. (41 pp. in-4 dans le Recueil factice intitulé : Dissertations de la faculté de Médecine, Tome 13, Thèse 406).

1306. Projet d'association des médecins du département de la Moselle et des départements voisins. Statuts.

Metz, Verronnais, 1857. Broch. in-8 de 14 pp.

1306 bis. Médecins de Metz. Vingt-cinq dissertations sur la médecine et la chirurgie.

Recueil factice. — 1 vol. in-4⁰.

Ce recueil contient quelques thèses mentionnées à part dans le présent catalogue et en outre les suivantes :

27*

L. J. Bégin : Considérations pathologiques et thérapeutiques sur les maladies chirurgicales aiguës, 1823.

O. Chaumas : Paralèlle entre les phlegmasies aiguës des. membranes muqueuses et séreuses, 1824.

S. Haillecourt : Du sommeil, an XII,

J. F. Hénot : Dissertation sur la gastro-entérite aiguë .. 1821.

R. Lacretelle : Dissertation sur la vaccine, 1805.

F. J. Marchal : Essai sur la soif, 1815.

M. E. Maury : Essai sur la nostalgie, 1826.

J. A. Ed. Puel : Essai sur la nostalgie, 1822.

Rampont : Propositions sur la colique dite de Madrid, 1814..

1307. De la méningite cérébro-spinale épidémique, par Victor Michaux (de Metz).

Paris, Rignoux, 1852. 53 pp. in-4 (dans le Recueil factice intitulé : Dissertations de la faculté de Médecine, Tome 14, Thèse 1).

1308. Réflexions sur la doctrine des crises dans son application aux maladies du nord de l'Afrique, par M. Monard.

Metz, Verronnais, 1847. Brochure in-8.

1308 bis. Considérations générales sur les fistules urinaires, par Pascal Monard, de Metz.

Paris, Didot jeune, 1818. 38 pp. in-4 (dans le Recueil factice intitulé : Dissertations de la faculté de Médecine, Tome 14, Thèse 9).

1309. Essai sur les accouchements contre nature .... par Pierre-Etienne Morlanne, ex-chirurgien interne à l'hôpital militaire de Metz .... (suivi d'un tableau synoptique des accouchements).

Metz, Impr. de Pierret, Thermidor an X, (Juillet 1802). 1 vol. in-8.

1310. P. E. Morlanne, ex-chirurgien interne à l'hôpital militaire de Metz. — Journal d'accouchement
ou Recueil périodique d'observations . . . .

Metz, Devilly, ans XII et XIII (1802 et 1804). 2 vol. in-8.

1311. Mémoire et observations sur plusieurs cas
importants de l'art des accouchements, par Morlanne.

Metz, Dosquet, 1838. Brochure in-4 mince avec 2 pl. col.
Seconde brochure portant le même titre publiée chez S. Lamort, 1841, avec 2 pl.

1312. Opuscule sur la vaccine, par P. E. Morlanne,
médecin à Metz.

Metz, Blanc, 1856. Broch. in-8 de 18 pp.

1313. Mémoire adressé à la Société de médecine
de Montpellier, sur la propriété qu'a la vaccine
de préserver de la petite vérole, par Pierre-Etienne
Morlanne, ancien chirurgien de l'hôpital militaire
de Metz . . .

Metz, C.-M. Brice Antoine, Imprimeur de la Société d'agri-
culture du département de la Moselle. s. d. In-8 de 52 pp.

1314. Mémoire sur le somnambulisme et le magnétisme animal adressé en 1820 à l'académie royale
de Berlin et publié en 1854, par le général Noizet.

Paris, Plon frères, 1854, in-8.

1315. Des amputations spontanées intra-utérines . . .
par Ed. J. de Nonancourt, de Guentrange (Moselle).

Strasbourg, F. C. Heitz, 1864. 48 pp. in-4 et 4 planches.

1316. De la blenorrhagie . . . par J. P. F. Nouffert, né à Sarreguemines.

Paris, Rignoux, 1846. 48 pp. in-4.

1317. Considérations sur une épidémie aphteuse (muguet des enfants) observée à Wilna, depuis le mois de février 1813 jusqu'au mois d'avril de la même année, par P. A. Peaucellier, de Metz.

Paris, Didot jeune, 1816. 37 pp. in-4 (dans le Recueil factice intitulé : Dissertations de la faculté de Médecine, Tome 14, Thèse 18).

1318. Journal de pharmacie d'Alsace-Lorraine. Administration et rédaction : pharmacie Pfersdorff.

Strasbourg. Typ. G. Fischbach. Publication mensuelle in-8, paraissant depuis 1874.

1319. Dissertation sur la dysenterie, par A. Philippe, de Metz.

Paris, Didot jeune, 1814. 23 pp. in-4 (dans le Recueil factice intitulé : Dissertations de la faculté de Médecine, Tome 13, Thèse 409).

1320. Considérations chimiques, thérapeutiques et pathologiques sur l'alcool, mais particulièrement sur les maladies qui sont le résultat des abus qu'on fait des liqueurs alcooliques . . . par Jean Pierron, de Briey, Moselle.

Paris, Didot, 1815. 23 pp. in-4 (dans le Recueil factice intitulé : Dissertations de la faculté de Médecine, Tome 12, Thèse 381.

1321. Rapport sur les effets des vapeurs méphitiques dans le corps de l'homme, par Portal.

A Metz. Antoine. 1776. Broch. in-12.

1322. Manuel réglementaire à l'usage des officiers de santé et des corps de troupes par J. A. A. E. Puel.

Metz, Verronnais, 1837. 1 fort vol. in-8.

1323. De la syphilis constitutionnelle et de ses principales formes . . . par A. Puel.

Montpellier, Ricard frères, 1848. 48 pp. in-4.

1324. Histoire de l'esquinancie gangréneuse pétéchiale qui a régné dans le village de Moivron (Meurthe), au mois de novembre 1777, par M. Réad D. M.

Metz, J.-B. Collignon, 1777. Broch. in-12 de 91 pages.

1325. Le magnétisme animal considéré comme moyen thérapeutique . . . . par Charles de Résimont, Docteur en médecine, etc.

Metz, de l'imprimerie Collignon, 1843. 1 vol. in-8.

1326. Chronique (sur le magnétisme), par le D^r Ch. de Résimont.

Metz, Verronnais. In-8 de 6 pp. (sans date).

1327. Observations et réflexions relatives à l'efficacité du quinquina dans les névralgies intermittentes et à un nouveau mode d'administration de ce remède dans ces affections . . . par Pierre Richet (de Metz).

Strasbourg, F.-G. Levrault, 1826. 20. pp. in-4.

1328. Dissertation sur la gymnastique médicale . . . par Claude-Simon Robert, de Metz.

Strasbourg, Levrault, 1815. 23 pp. in-4 (dans le Recueil factice intitulé : Dissertations de la faculté de Médecine, Tome 12, Thèse 377).

1329. Des abcès mammaires . . . . par C. Anatole Robinet (de Metz).

Strasbourg, Ad. Christophe, 1869. 46 pp. in 4.

1330. Des corps étrangers articulaires et de leur extraction par incision directe . . . par Charles-Edouard Rosman (de Metz).

Strasbourg, Ad. Christophe, 1869. 57 pp. in-4.

1331. Journal homœopathique de Metz publié sous la direction du Docteur Xavier Roussel (du Chêne).

Metz, Impr. de J. Mayer, 1869, in-8. — Les 11 premiers numéros.

1332. De la hernie ombilicale par Jules Xavier Roux.

Paris, Rignoux, 1856. 32 pp. in-8.

1333. De l'emploi du vésicatoire dans les maladies aiguës de la poitrine . . . par Louis-Victor Saunois.

Paris, Rignoux, 1850. 51 pp. in-4.

1334. Des maladies des voies respiratoires qui peuvent compliquer les fièvres éruptives . . . par A. Sauvage (de Metz).

Strasbourg, G. Silbermann, 1861. 31 pp. in-4.

1335. Du cirsocèle. Dissertation . . . par Félix Savart, de Mézières.

Strasbourg, Levrault, 1816. 16 pp, in-4 (dans le Recueil factice intitulé : Dissertations de la faculté de Médecine, Tome 14, Thèse 15).

1336. H. Scoutetten, D^r en médecine, chirurgien aide-major à l'hôpital militaire d'instruction à Metz. Recherches d'anatomie pathologique démontrant le rapport qui existe entre l'irritation de la membrane muqueuse du canal intestinal et celle de la méningite du cerveau.

Paris, J. Tastu, 1822. Broch. in-8 de 15 pp.

1337. H. Scoutetten, Mémoire et observations sur plusieurs opérations nouvelles.

Paris, Imprimerie de Migneret. Extrait des Archives générales de Médecine (1827?) Broch. in-8 de 23 pp.

1338. H. Scoutetten, La méthode ovalaire, ou nouvelle méthode pour amputer dans les articulations, avec onze planches lithographiées.

Paris, Mlle Delaunay, 1827. In-4.

1339. H. Scoutetten, Competitio ad aggregationem . . . instituta anno 1829 . . . De apoplexia, thesis . . .

Metis, ex typis Lamort. Broch. in-4 de 16 pp.

1340. H. Scoutetten. Traité élémentaire d'hygiène; ouvrage nécessaire aux personnes de toutes les conditions . . . précédé d'un discours prononcé à l'ouverture du cours public d'hygiène, le 7 juillet 1829 (aux auditeurs des cours industriels de Metz).

Metz, S. Lamort, 1829. Broch. in-8 de 288 pp. (incomplet).

1341. H. Scoutetten, Relation historique et médicale de l'épidémie de choléra qui a régné à Berlin en 1831.

Paris, Baillière, 1832. In-8 de 176 pp.

1342. H. Scoutetten et F. Maréchal, Rapport sur l'épidémie de choléra . . . qui a régné à Berlin, présenté à MM. les membres de l'intendance sanitaire du département de la Moselle.

Metz, Impr. Dosquet, 1832. In-8 de 176 pp.

1343. H. Scoutetten, Discours prononcé le 19 février 1834 à l'ouverture du cours public de phrénologie . . .

Metz, Lamort, 1834. Broch. in-8 de 31 pp.

1344. Leçons de phrénologie professées par le Dr Scoutetten, membre de l'Académie de Metz. Recueillies par MM. Maillefer et Bonal, élèves en médecine et revues par le professeur.

Metz, Lamort, 1834. 1 volume in-8.

1345. Mémoire sur la cure radicale des pieds-bots, par H. Scoutetten.

Paris, Baillière, 1838. Broch. in-8 de 177 pp. Avec planches.

1346. Motifs qui n'ont pas permis au docteur H. Scoutetten de prendre part au concours ouvert en ce moment devant la faculté de Paris pour les deux chaires de médecine opératoire vacantes à la faculté de Strasbourg.

1841. Brochure in-8 de 7 pp.

1347. H. Scoutetten, Des devoirs et des droits des médecins. Discours lu à la Société des sciences médicales du département de la Moselle, le 10 juin 1847.

Metz, Verronnais, 1847. Broch. in-8 de 27 pp.

1348. H. Scoutetten, président de la Société des sciences médicales de la Moselle. — Histoire du chloroforme et de l'anesthésie en général. — Extrait des travaux de la Société des sciences médicales de la Moselle, 1852—1853.

Metz, Verronnais, 1853. Broch. in-8 de 38 pp.

1348 bis. Une visite à l'Abendberg, par le Dr H. Scoutetten.

Metz, S. Lamort, 1854. Broch. de 20 pp. in-8 (extrait de Metz littéraire).

1349. Résumé des observations médico-chirurgicales faites à l'armée d'Orient, par le Dr Scoutetten.

Metz, Verronnais, 1855. Broch. in-8 de 29 pages.

1350. H. Scoutetten. L'ozone ou recherches chimiques, météorologiques, physiologiques et médicales sur l'oxigène électrisé.

Metz, Alcan, 1856. 1 vol. in-12.

1351. H. Scoutetten, professeur en médecine, médecin-chef de l'hôpital militaire de Metz. — Le hamac, ou nouvel appareil à suspension pour les fractures (Mémoire lu à l'Académie impériale de médecine de Paris, séance du 18 août 1856).

Paris, Librairie de Victor Masson.
Metz, Librairie de M. Alcan. 1856. Broch. in-8 de 7 pp.

1352. H. Scoutetten. De la Cure radicale des pieds-bots.

Metz. Alcan. 1859. Broch. in-8 de 56 pp.

1353. H. Scoutetten, Médecin-chef de l'hôpital militaire de Metz. — Traitement préservatif des accidents qui peuvent survenir à la suite de la rougeole et de la scarlatine.

Metz, F. Blanc, 1859. Broch. in-8 de 6 pp.

1354. H. Scoutetten, président de l'Académie de Metz, Des sources de la chaleur animale. Discours prononcé à la séance publique de l'Académie de Metz, le 13 mai 1860.

Metz, Blanc. 1860. Broch. in-8 de 35 pp.

1355. De la cure radicale des pieds-bots, par H. L. Scoutetten.

Metz, F. Blanc. 1860. Broch. in-8 de 34 pp.

1356. H. Scoutetten, Eléments de philosophie phrénologique. — Deux conférences.

Metz, Warion, 1862. — Impr. F. Blanc. — Broch. de 65 pp. in-8.

1357. H. Scoutetten, Expériences constatant l'électricité du sang chez les animaux vivants. Lettres de M. J. Béclard. Réponse par H. Scoutetten.

Metz, F. Blanc, 1863. Broch. in-8 de 16 pp.

1358. Expériences constatant l'électricité du sang chez les animaux vivants, par M. H. Scoutetten (27 juillet 1863).

Paris, Mallet-Bachelier, 1863. (Extrait des comptes-rendus des séances de l'Académie des sciences). 4 pp. in-4.

1359. H. Scoutetten. — Électro-physiologie. — Expériences constatant l'électricité du sang chez les animaux vivants. Extrait des comptes-rendus hebdomadaires des séances de l'Académie des sciences, Tome LVII, n° 4.

Paris, 1863. Broch. in-8 de 23 pp.

1360. Expériences nouvelles pour constater l'électricité du sang et pour en mesurer la force électromotrice, par H. Scoutetten. — Mémoire présenté à l'Académie des sciences (Institut), séance du 9 novembre 1863, présidence de M. Velpeau . . . suivi d'une deuxième lettre à M. J. Béclard.

Paris, 1864. Broch. in-8 de 20 pp.

1361. H. Scoutetten, Distribution des eaux potables dans les villes. Conséquences hygiéniques qui en découlent.

Metz, Rousseau-Pallez, 1864. Broch. in-8 de 12 pp.

1362. H. Scoutetten, De l'électricité considérée comme cause principale de l'action des eaux minérales sur l'organisme.

Paris, J. B. Baillière et fils. 1864. 1 fort volume in-8 de 420 pp.

1363. H. Scoutetten, Recherches nouvelles pour démontrer que l'état électrique des eaux minérales est la cause principale de leur activité. Note présentée à l'Académie des sciences et à l'Académie de médecine de Paris.

Paris, typ. Félix Malteste et Cie. Broch. in-8 de 10 pp.

1364. H. Scoutetten, De la méthode électrolytique dans ses applications aux opérations chirurgicales.
Paris, V. Masson, 1865. Broch. in-8 de 16 pp.

1365. H.Scoutetten, De la méthode dite électrolytique. — Réponse à M. le Docteur Morpain. — Extrait du journal « La France médicale.»
Paris, Pillet fils, 1865. Broch. in-8 de 14 pp.

1366. H.Scoutetten, De l'origine des actions électriques développées au contact des eaux minérales avec le corps del'homme et de l'absorption par la peau.
Paris, Baillière, 1866. Broch. in-12 de 57 pp.

1367. H. Scoutetten, Étude sur les trichines et sur les maladies qu'elles déterminent chez l'homme.
Paris, Baillière, 1866. Broch. in-8 de 107 pp.

1368. H. Scoutetten, Réponse à MM. les membres de la commission nommée par la Société d'hydrologie médicale de Paris.
Paris, Claye, 1866. Broch. in-8 de 12 pp.

1369. H. Scoutetten, Histoire des instruments de chirurgie trouvés à Herculanum et à Pompéi.
Paris, J. Bonaventure, 1867. Broch. de 15 pp. in-12 et 4 pl.

1370. H. Scoutetten, Recherches sur l'ozone par le professeur Schœnbein, traduites par Scoutetten. — Association scientifique de France. Sessions tenues à Metz les 13, 14 et 15 mai 1867.
Paris, Impr. générale de Ch. Lahure. 8 pp. in-8.

1371. H. Scoutetten, De la température du corps de l'homme sain et malade, variation de la chaleur pendant et après le bain d'eau minérale; influence de l'altitude des lieux sur les fonctions physiologiques.

Paris, J. B. Baillière. 1867. In-8 de 52 pp.

1372. H. Scoutetten, Histoire des femmes médecins depuis l'antiquité jusqu'à nos jours.

Paris, J. Bonaventure, 1868. Broch. in-8 de 23 pp.

1373. H. Scoutetten, Rougeole et scarlatine, erreurs et préjugés concernant le traitement de ces maladies.

Metz, Blanc. 1869. Broch. in-8 de 18 pp.

1374. H. Scoutetten, Notice historique sur le professeur Schœnbein.

Metz, Imp. Réau. 1869. (Extrait des mémoires de l'académie de Metz. Broch. in-8 de 30 pp.

1375. H. Scoutetten, Du chlorate, résumé de son histoire chimique et thérapeutique.

Paris, Jules Bonaventure, 1870. Broch. in-12 de 48 pp.

1376. H. Scoutetten, Évolution médicale ou de l'électricité du sang chez les animaux vivants, de l'anesthésie et de l'unité des forces physiques et vitales.

Metz, F. Blanc, 1870. Broch. in-8 de 105 pp.

1377. H. Scoutetten, Histoire chronologique, topographique et étymologique du choléra depuis la plus haute antiquité jusqu'à son invasion en France en 1832.

Paris, V Masson. 1870. Broch. in-8 de 119 pp.

1378. De la température de l'homme sain et malade, variations de la chaleur pendant et après le bain . . . par le Dr H. Scoutetten.

Paris, F. Savy, s. d., in-12 de 90 pp.

1379. De l'insolation, de ses dangers, et de la nécessité en Afrique d'adopter l'usage d'un couvre-nuque . . . . par L. Scoutetten . . .

Metz, Blanc, 1857. In-8 de 30 pp.

1380. L. Scoutetten, Docteur en médecine, médecin aide-major de première classe. — Relation médico-chirurgicale succincte de la campagne de Kabylie en 1857 . . .

Metz, Blanc, 1858. Broch. in-8 de 45 pp.

1381. Règlement de la Société des sciences médicales du département de la Moselle (daté du 25 décembre 1819).

Metz, Mme Verronnais, s. d. Broch. in-8 de 16 pp.

1381 bis. Règlement de la Société des sciences médicales du département de la Moselle, approuvé par la Société dans la séance du 5 décembre 1848.

Metz, Verronnais, s. d. Broch. in-8 de 16 pp.

1381 ter. Prix proposé par la Société de médecine de Metz pour l'année 1829. — Rapport de la commission chargée de l'examen d'un mémoire envoyé pour le concours de 1828, (signé Hénot, Fristo, Maréchal, Scoutetten rapporteur, Willaume président, Chaumas secrétaire).

Metz, de l'Imprimerie de Collignon, s. d., 10 pp. in-4.

1382. Dissertation sur les accidents qui suivent le rapprochement immédiat, tel qu'il est généralement recommandé après l'amputation circulaire des membres dans leur continuité, et sur un mode de pansement qui parait plus convenable . . . par J. C. S. Sponville, de Gorze (Moselle).

Paris, Didot jeune, 1815. 25 pp. in-4 (dans le Recueil factice intitulé : Dissertations de la faculté de Médecine, Tome 13, Thèse 412.)

1383. Dissertation sur l'ophtalmie, par Lazard Terquem (de Metz).

Paris, Didot jeune, 1812. 27 pp. in-4 (dans le Recueil factice intitulé: Dissertations de la faculté de Médecine, Tome 13, Thèse 388).

1384. Essai chirurgical sur les ulcères. . . . . . par F. N. Thiébaut, de Verdun . . . . . ancien élève à l'hôpital militaire de Metz . . . .

Strasbourg, Levrault, 1810. 46 pp. in-4 (dans le Recueil factice intitulé : Dissertations de la faculté de Médecine, Tome 7, Thèse 216).

1385. Traité analytique des fièvres contagieuses et sporadiques, simples et compliquées, qui ont régné dans le département de la Meurthe vers la fin de 1813 et au commencement de 1814 par P. S. Thouvenel de Médonville, docteur médecin à Pont-à-Mousson.

Pont-à-Mousson, Thiéry père et fils, 1814. 1 fort vol. in-8.

1386. Des procidences de membres au point de vue de l'obstacle qu'elles peuvent apporter à l'accouchement . . . . par Victor Toussaint, de Metz.

Paris, A. Parent, 1865. 32 pp. in-4.

1387. Instruction sur les moyens de rappeler les noyés à la vie. — Signé : Turmel, 15 juillet 1823.

Metz, Collignon. In-8 de 8 pp.

1388. Entozoologie médicale ou des vers considérés comme cause et symptômes de maladies . . . . par François-Victor Valentin, de Jarny, départ. de la Moselle.

Strasbourg, Levrault. 1811. 46 pp. in-4 (dans le Recueil factice intitulé : Dissertations de la faculté de Médecine, Tome 8, Thèse 239).

1389. Dissertation sur le typhus ou fièvre ataxique des hôpitaux, par C. Jacques Vallée, chirurgien-major au 3e régiment d'artillerie à cheval (depuis, chirurgien-major à l'Ecole d'application ?)

Strasbourg, Levrault, 1814. 29 pp. in-4 (dans le Recueil factice intitulé : Dissertations de la faculté de Médecine, Tome 12, Thèse 350).

1390. I. Quels sont les causes, les symptômes et le traitement des fistules vésico-rectales ?

II. De l'oreillon.

III. Des rapports de l'artère pulmonaire pendant le trajet qu'elle parcourt avant sa division en deux branches ; des changements que subit cette artère pendant les diverses époques de la vie.

IV. Comment reconnaître si l'azotate de potasse
contient des chlorures de potassium et de sodium.
des matières terreuses, etc. . . . par J. F. Warin,
Paris, Rignoux, 1841. 34 pp. in-4.

1391. Communication sur les Kystes de l'Ovaire,
par M. le Dr Warin, médecin des hôpitaux et
hospices civils de la ville de Metz . . . . . (Extrait
des travaux de la Société des sciences médicales de
la Moselle).
Metz, J. Verronnais, 1857. In-8 de 12 pp.

1392, Hygiène des habitations rurales (Notions sur l'),
par M. le Docteur Warin. — (Extrait de l'Exposé
des travaux de la Société des sciences médicales
du département de la Moselle, 1857—1858.)
Metz, typ. de Jules Verronnais. Broch. in-8 de 33 pp.

1393. Chorée (Observation d'un cas de) — com-
pliqué d'aliénation mentale, — guérison prompte
par le tartre stibié — par M. le Docteur Warin . . .
(Extrait de l'exposé des travaux de la Société des
sciences médicales du département de la Moselle;
année 1858).
Metz, J. Verronnais, 1858. Broch. in-8 de 4 pp.

1394. Vaccine et les revaccinations (Rapport de la
commission d'Hygiène publique de la Société sur la),
par M. Warin, rapporteur, médecin des hôpitaux
et hospices civils de la ville de Metz . . . (Extrait
de l'Exposé des travaux de la Société des sciences
médicales de la Moselle, année 1864—1865).
Metz. J. Verronnais, 1865. Broch. in-8 de 26 pp.

28*

1395. Considérations sur l'utilité des eaux minérales chlorosodiques bromurées de Sierck dans le traitement des affections scrofuleuses, par le Dr Warin.

Metz, typ. de Rousseau-Pallez, 1864. Broch. in-8 de 19 pp.

1396. Proposition au sujet de la création d'un asile d'aliénés pour le département de la Moselle . . . . par M. le Docteur Warin.

Metz, typ. Rousseau-Pallez, 1868. Broch. in-8 de 9 pp.

1397. Rectification demandée à M. le Rédacteur en chef de l'Union médicale, par M. le Docteur Warin, de Metz (sur un procès en responsabilité médicale).

Metz, typ. de Rousseau-Pallez, 1868. Broch. in-8 de 27 pp.

1398. Recherches biogr. historiques et médicales sur Ambroise Paré de Laval, par Ambroise Willaume, Docteur en médecine.

Epernay, Warin-Thierry et fils, 1837. In-8 de 82 pp.

1399. Recherches historiques sur les armes à feu, dédiées aux jeunes chirurgiens militaires, par le Dr Ambroise Willaume.

Paris, Gerdès, s. d. Broch. in-8 de 32 pp.

1400. Des caustiques et de leur action . . . . par François-Ernest Winsback, né à Metz.

Paris, Rignoux, 1857. 39 pp. in-4.

Ouvrages sur le climat de Metz.
Observations météorologiques faites à Metz
à différentes époques.

1401. Société royale des sciences et arts de Metz.
— Résultats des observations météorologiques faites
à Metz en 1784, 1785, 1786, 1787, 1788, par MM.
Laurian et Lallement.

Metz, sans nom d'imprimeur. Cinq feuilles petit in-folio
de 1784 à 1788.

NOTE. — On fera bien de consulter aussi, pour les observations et phénomènes météorologiques de la contrée, les journaux de la localité de la fin du XVIIIe siècle et du commencement du XIXe jusqu'en 1842 environ, époque à laquelle des observations détaillées paraissent, sous forme de journal, dans les Mémoires de l'Académie de Metz. Du reste, les journaux de la ville ont continué de publier des observations depuis.

1402. Résumé des observations météorologiques
faites à Metz pendant une période de 10 années
de 1825 à 1834, — par M. Schuster, à l'École
d'application de l'Artillerie et du Génie.

Metz, de l'impr. de Lamort, 1835. Broch. in-8 de 24 pp.
NOTE. — Un Résumé des observations météorologiques par le même auteur, de 1835 à 1840, a paru dans la volume des Mémoires de l'Académie de Metz de l'année 1840-41.

1403. Journal des observations météorologiques faites
à Metz pendant l'année 1844, — par M. Schuster.

Broch. in-8 de 33 pp.

1404. Journal des observations météorologiques faites
à Metz pendant l'année 1845 — par M. Schuster,

Adjoint principal du Génie, chef de bureau d'administration à l'École d'application de l'Artillerie et du Génie.

Broch. in-8 de 35 pp.

NOTE. — On trouvera d'ailleurs, dans les Mémoires de l'Académie de Metz, les journaux d'observations météorologiques faites par M. Schuster depuis 1841 jusqu'à 1851 inclusivement, plus un rapport sur des observations météorologiques faites à St-Pétersbourg de 1822 à 1834 (année 1842-43). — En résumé, M. Schuster a fait une série d'observations suivies sans interruption, à Metz de 1825 à 1851, période de 27 années. C'est à l'école d'application de l'Artillerie et du Génie que ce travail fut fait; de 1852 à 1860, il fut continué par M. Lavoine; — en 1861, par MM. Lavoine et André; — de 1862 à Nov. 1870 par M. Baur. MM. Lavoine, André et Baur firent aussi leurs observations à l'École d'application.

1405. Étude sur le climat de Metz fondée sur vingt années d'observations faites de 1841 à 1860 par MM. J.-J. Schuster et J.-B.-A. Lavoine, chevaliers de la légion d'honneur, chefs de bureau d'administration de l'École d'application de l'Artillerie et du Génie.

Nancy, Paul Sordoillet, 1879. Broch. in-8 de 16 pp. Extrait des Mémoires de l'Académie de Metz.

1406. Météorologie. — Notice sur les instruments et les observations de l'École impériale d'application de l'Artillerie et du Génie, suivie d'une discussion sur les erreurs à craindre dans les observations udométriques, par C.-M. Goulier, chef de bataillon du Génie, etc. — Observations faites à Metz en 1862, accomp. d'un tableau synoptique

qui représente graphiquement la plupart de ces
observations, par F. Baur, maître de dessin et chef
du bureau des dessinateurs à l'École d'application.

Metz, F. Blanc, 1864. — Broch. in-8 de 60 pp.

NOTE. — M. Grellois a publié, dans la statistique de M.
de Chastellux, une étude sur la climatologie et la météorologie
du département de la Moselle.

1407. Observations météorologiques faites à Metz
pendant l'année 1872, par MM. Muller et Schuster.
— Première année de la troisième série. —
(Extrait des Mémoires de l'Académie de Metz.)

Nancy. Impr. E. Réau, 1874. Broch. in-8 de 33 pp.

1408. Observations météorologiques faites à Metz
pendant les années 1873, 1874, 1875, 1876, 1877,
1878, 1879, 1880, par Aimé Schuster, ex-professeur
de sciences physiques de l'Université, professeur
de physique et de chimie à l'École industrielle
de Metz . . . .

Nancy, puis Metz, 1875 - 1884. 8 broch. in-8.

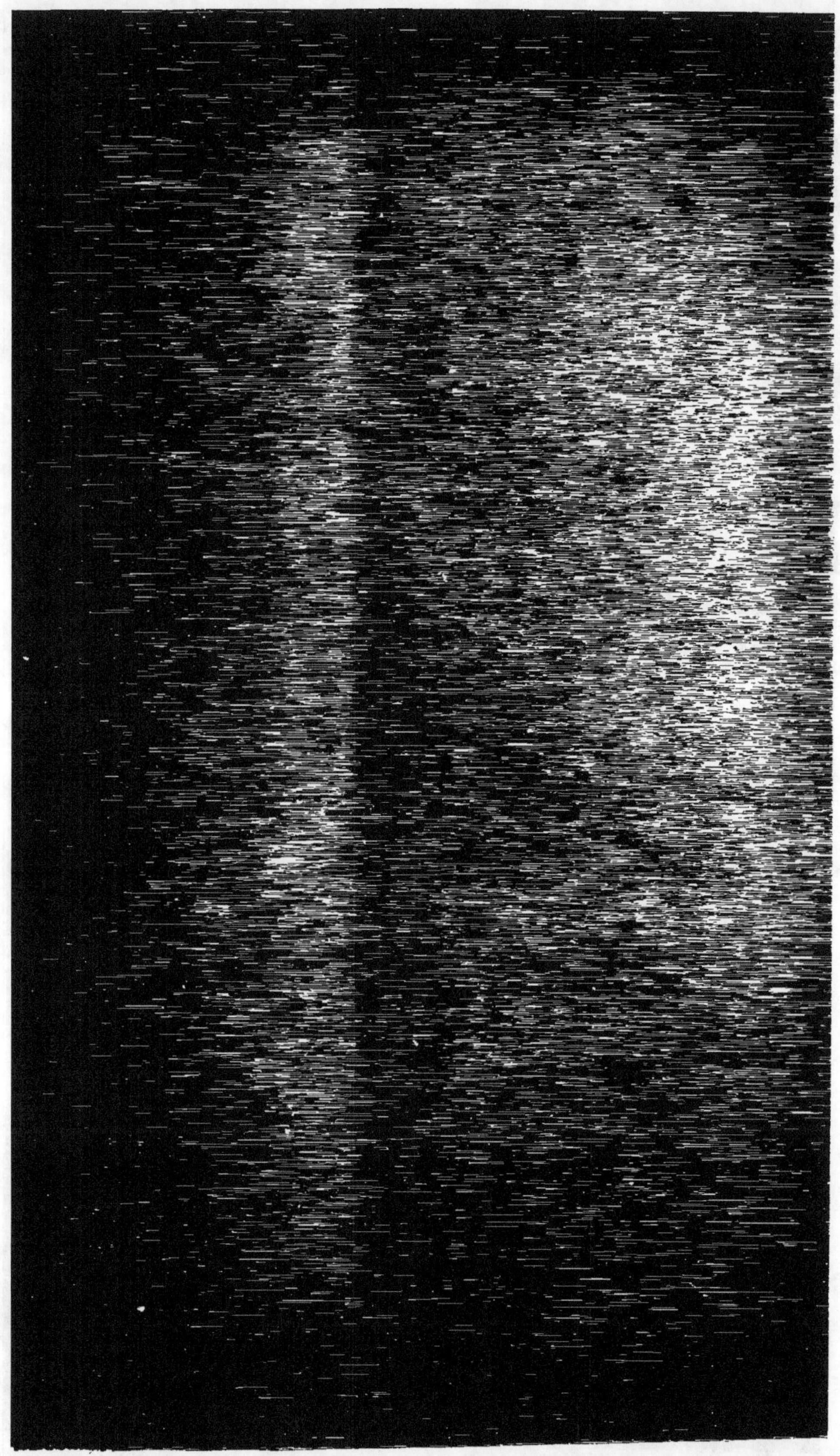

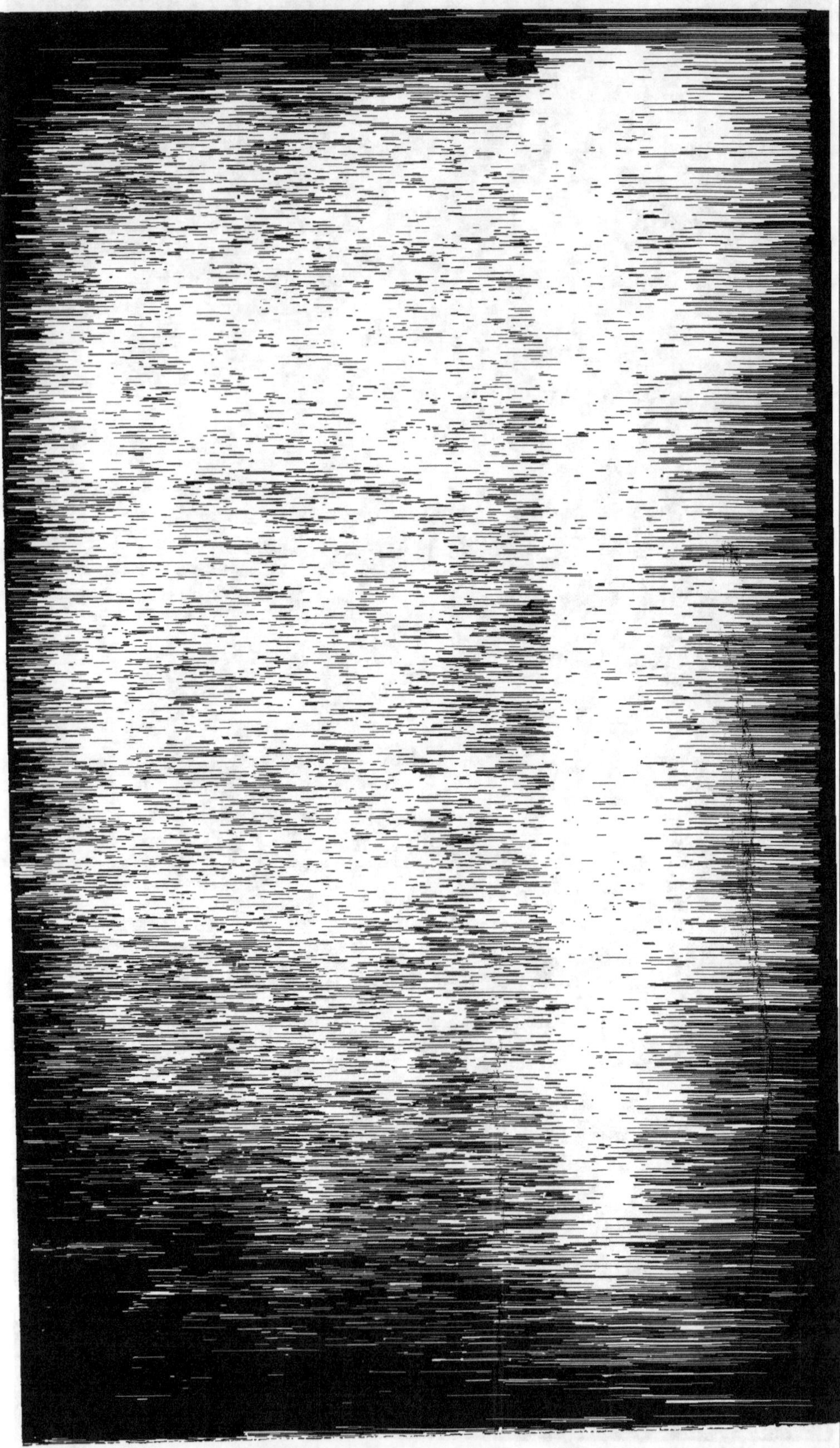